BEI GRIN MACHT SICH IHR WISSEN BEZAHLT

- Wir veröffentlichen Ihre Hausarbeit, Bachelor- und Masterarbeit

- Ihr eigenes eBook und Buch - weltweit in allen wichtigen Shops

- Verdienen Sie an jedem Verkauf

Jetzt bei www.GRIN.com hochladen und kostenlos publizieren

Bibliografische Information der Deutschen Nationalbibliothek:

Die Deutsche Bibliothek verzeichnet diese Publikation in der Deutschen National-bibliografie; detaillierte bibliografische Daten sind im Internet über http://dnb.d-nb.de/ abrufbar.

Impressum:

Copyright © 2017 GRIN Verlag, Open Publishing GmbH
Druck und Bindung: Books on Demand GmbH, Norderstedt Germany
ISBN: 9783668571495

Lukas Maack

Sind Staatenlose rechtelos? Anpassung von Konzepten im Umgang mit staatenlosen Flüchtlingen als europäische Reaktion auf geopolitische Herausforderungen

GRIN Verlag

GRIN - Your knowledge has value

Der GRIN Verlag publiziert seit 1998 wissenschaftliche Arbeiten von Studenten, Hochschullehrern und anderen Akademikern als eBook und gedrucktes Buch. Die Verlagswebsite www.grin.com ist die ideale Plattform zur Veröffentlichung von Hausarbeiten, Abschlussarbeiten, wissenschaftlichen Aufsätzen, Dissertationen und Fachbüchern.

Besuchen Sie uns im Internet:

http://www.grin.com/

http://www.facebook.com/grincom

http://www.twitter.com/grin_com

Inhalt

1. Einleitung

Die Fragestellung zur Thematik der Staatenlosigkeit und der damit verbundenen Probleme trat geballt erstmals im 19. Jahrhundert auf. Die Organisation der früheren Staatsgebilde war zunächst von Untertanenverhältnissen geprägt. Erst als die absolute Monarchie der konstitutionellen Monarchie zu weichen begann, gewann der moderne Begriff der Staatsangehörigkeit seine rechtliche Gestalt. Insbesondere die Verlegung der Nationalstaatsgrenzen führte sodann zu der Einteilung in Staatsbürger und die Nichtanerkennung von Bürgern, den sog. Staatenlosen.[1]

Vor allen nach dem ersten und sodann auch nach dem zweiten Weltkrieg wurden Staaten neu zugeschnitten. Hierdurch wurden viele Menschen zu den Staatenlosen. Hierbei trat sodann die Frage auf, welche Rechte den Staatenlosen eingeräumt werden sollten, da sie keinem Staat gegenüber Ansprüche stellen können bzw. von keinem Staat unterstützt werden und somit diese Personen weder in ein Heimatland abgeschoben werden könne, noch auf rechtlichen Beistand eines anderen Staates zählen können. Auch heute sieht sich die Europäische Union mit der Frage konfrontiert, wie mit Staatenlosen umgegangen werden soll. Gerade in Verbindung mit der Flüchtlingskrise tritt die Fragestellung sowie auch die Abgrenzung der Staatenlosigkeit auf.

In der nachfolgenden Arbeit soll sich zunächst mit der Frage beschäftigt werden, wer Staatenlose sind und ob sie ggf. Rechte haben. Ferner soll in einem weiteren Schritt ermittelt werden, ob es europäische Reaktionen auf die derzeitigen geopolitischen Herausforderungen in dem Umgang mit Staatenlosen gibt.

2. Sind Staatenlose rechtelos?

2.1 Begriffliche Klärung „staatenlos"

Nach dem 2. Weltkrieg wurde sich der Fragestellung zur Thematik der Staatenlosigkeit erstmals ernsthaft angenommen. So bedurfte es einer völkerrechtlichen

---

1   Kimminich, S. 141

Betrachtungsmöglichkeit, um sich zum einen mit der Problematik der Staatenlosigkeit überhaupt befassen zu können und zum anderen für hieraus resultierende Fragestellungen sensibilisiert zu sein. Im Jahre 1954 haben die Mitgliedsstaaten der Vereinten Nationen das Übereinkommen über die Rechtsstellung der Staatenlosen beschlossen. In der Bundesrepublik Deutschland wurde das Übereinkommen erst am 12. April 1976 ratifiziert und ist dann am 21. Januar 1977 in Kraft getreten.2

Das Übereinkommen über die Rechtsstellung der Staatenlosen vom 28. September 1954 regelte erstmals aus völkerrechtlicher Perspektive, was unter der Begrifflichkeit des "Staatenlosen" zu verstehen ist.

So wird in einer Legaldefinition des Artikel 1 Nr. 1 des Übereinkommens über die Rechtsstellung der Staatenlosen vom 28. September 1954 ausgeführt, dass unter einem Staatenlosen eine Person zu subsumieren ist, die kein Staat aufgrund seines Rechtes als Staatsangehöriger ansieht. Diese Definition ist mittlerweile durch Völkergewohnheitsrecht anerkannt. 82 Staaten sind dem Übereinkommen von 1954 beigetreten. Es ist die wichtigste völkerrechtliche Grundlage zum Umgang mit Staatenlosen. Das Übereinkommen basiert auf dem Kernprinzip, dass Staatenlose nicht schlechter gestellt werden dürfen als Ausländer, die eine Staatsangehörigkeit besitzen. Außerdem erkennt das Übereinkommen an, dass Staatenlose schutzbedürftiger sein können als sonstige Ausländer.3

In der völkerrechtlichen Praxis wird heute von einer feinschichtigeren Betrachtung der Definition "staatenlos" ausgegangen. Dieses ist sicherlich auch einer nunmehr über 60 Jahre anhaltenden Entwicklung geschuldet. So versteht man derzeit als staatenlos:

> „eine Person, die keine Staatsangehörigkeit besitzt, weil sie in keinem Staat die hierfür erforderlichen Voraussetzungen erfüllt. Staatenlosigkeit tritt ein, wenn eine Person bei der Geburt keine Staatsangehörigkeit besitzt, weil die Eltern schon keine Staatsangehörigkeit

---

2   Bundesgesetzblatt. 1976 II, S. 473

3   Guterres, S. 3

haben oder sie später verliert, ohne eine andere neue Staatsangehörigkeit zu erlangen.4 Da ein Staatenloser keine Rechte hat, für die
die Staatsangehörigkeit jedoch die Voraussetzung ist - verwiesen wird
auf keinen diplomatischen Schutz im Ausland - ist die Staatenlosigkeit
eine international unerwünschte Erscheinung."5

2.2 Rechtliche Grundlagen für Staatenlose

Im Folgenden sollen Regelungen aufgezeigt werden, die sich mit der rechtlichen
Thematik der Staatenlosigkeit befassen. Neben dem UN-Übereinkommen über die
Rechtsstellung der Staatenlosen vom 28. September 1954, das noch näher
vorgstellt werden soll, hat es weiterführende völkerrechtliche, supranationale und
nationale rechtliche Bestimmungen gegeben, die sich mit der rechtlichen
Fragestellung von Staatenlosen befassen.

2.2.1 Das Übereinkommen über die Rechtsstellung der Staatenlosen von 1954

Das UN-Übereinkommen über die Rechtsstellung der Staatenlosen vom 28.
September 1954 umfasst 6 Kapitel mit 42 Artikeln sowie einem Anhang mit der
Liste der Vertragsstaaten. Die Rechte der Staatenlosen in diesem Übereinkommen
stehen unter dem Vorbehalt eines rechtmäßigen Aufenthaltes.6 Ersichtlich wird
bereits hieraus, dass unter Staatenlosen unterschieden werden muss, die sich
rechtmäßig oder unrechtmäßig in einem Land aufhalten. Insoweit befasst sich die
völkerrechtliche Regelung des UN-Übereinkommens über die Rechtsstellung von
Staatenlosen nur mit dem Teil der Staatenlosen, die sich rechtmäßig in einem
entsprechenden Land aufhalten, das als Vertragsstaat diesem Übereinkommen
beigetreten ist.

Durch das Übereinkommen werden die Vertragsstaaten verpflichtet, Staatenlose
gleich und in jedem Fall nicht schlechter als Ausländer zu behandeln. Die
zivilrechtliche Stellung der Staatenlosen wird in Artikel 13 des Übereinkommens
geregelt. Hiernach ist es Staatenlosen gestattet, Eigentum zu erwerben und private

---

4   Hoffmann, S. 5

5   Hoffmann, S. 5

6   Hailbronner, Teil I, G., II. RN 10

Verträge abzuschließen. In den Artikeln 17 bis 19 wird die Erwerbstätigkeit für unselbständige und selbständige Erwerbstätigkeiten sowie die der freien Berufe geregelt. Durch Artikel 21 wird der Zugang zum öffentlich regulierten Wohnungswesen eröffnet. Die Freizügigkeit der Staatenlosen innerhalb des Staatsgebietes wird durch Artikel 26 des Übereinkommens ermöglicht. Bei der Ausübung der Religionsfreiheit gemäß Artikel 4 des Übereinkommens und dem Zugang zum Gerichtswesen gemäß Artikel 16 des Übereinkommens sind die Staatenlosen genauso zu behandeln, wie die Staatsangehörigen des Vertragsstaates. Gleiches gilt für Grund- und Hauptschulbildung ausweislich Artikel 22 des Übereinkommens, den Zugang zur öffentlichen Fürsorge gemäß Artikel 23 des Übereinkommens sowie das Sozialversicherungswesen gemäß Artikel 24 des Übereinkommens. Darüber hinaus haben sich die Vertragsstaaten des Übereinkommens verpflichtet, den Staatenlosen gemäß Artikel 28 Reisedokumente auszustellen, wenn sie sich rechtmäßig in ihrem Hoheitsgebiet aufhalten. Ferner haben sich die Vertragsstaaten verpflichtet, die Einbürgerung von Staatenlosen gemäß Artikel 32 des Übereinkommens zu erleichtern.

2.2.2 Pakt über bürgerliche und politische Rechte

Im Jahre 1966 wurde durch die Vereinten Nationen sodann der internationale Pakt über bürgerliche und politische Rechte beschlossen. Dieser wurde durch die Bundesrepublik Deutschland im Jahre 1973 ratifiziert und trat sodann am 23. März 1976 in Kraft.[7]

In diesem Übereinkommen erhält jedes Kind das Recht, eine Staatsangehörigkeit zu erwerben.[8] Problematisch bei der Umsetzung dieses Anspruches ist, dass nicht definiert wird, ob ein solcher Anspruch an den Staat zu formulieren ist, der das Geburtsland des Kindes ist oder ob der Staat der Adressat ist, in dem die Eltern geboren wurden. Hieraus ist festzustellen, dass das formulierte Recht auf den Erhalt einer Staatsangehörigkeit zwar grundsätzlich besteht, jedoch ist das Verfahren der Umsetzung nicht vorgegeben. Hintergrund für eine nicht klare Formulierung des Verfahrens ist, dass die Mitgliedsstaaten der Vereinten

---

7   BGBl. II 1973, S. 1533 ff.

8   Art. 24 Abs. 3 des Internationalen Pakts über bürgerliche u. politische Rechte

Nationen unterschiedliche Rechtsauffassungen zum Erwerb einer Staatsangehörigkeit haben. So gibt es zum einen das sog. Abstammungsprinzip, nachdem ein Staat seine Staatsbürgerschaft an Kinder verleiht, deren Eltern selbst Staatsbürger dieses Staates sind. Dieses Prinzip wird auch das ius sanguines-Prinzip genannt. Zum anderen gibt das sog. Geburtsortsprinzip oder auch das ius soli-Prinzip genannt. Hiernach verleiht ein Staat seine Staatsbürgerschaft an alle Kinder, die auf seinem Staatsgebiet geboren werden.

2.2.3 Das Gesetz zur Verminderung der Staatenlosigkeit

Die Bundesrepublik Deutschland hat im Jahre 1977 das Gesetz zur Verminderung der Staatenlosigkeit erlassen.[9] In Deutschland gilt das sog. „ius sanguinis" Prinzip. Dies bedeutet, dass ein Kind, dessen Eltern die deutsche Staatsangehörigkeit besitzen, ebenfalls die deutsche Staatsangehörigkeit automatisch besitzt.

Dieses Gesetz erleichtert die Einbürgerung von Staatenlosen, die sich rechtmäßig in der Bundesrepublik Deutschland aufhalten. Konkret sollen Staatenlose, die in Deutschland geboren und sich seit 5 Jahren rechtmäßig in der Bundesrepublik aufhielten, einen Anspruch auf Einbürgerung erwerben, wenn sie nicht erheblich vorbestraft sind und vor Vollendung des 21. Lebensjahres ihre Einbürgerung beantragen.[10]

2.2.4 Übereinkommen über die Rechte des Kindes

Die Vereinten Nationen nahmen sich mit einem weiteren Übereinkommen der Rechte der staatenlosen Kinder an. So wurde 1989 das Übereinkommen über die Rechte des Kindes von den Mitgliedsstaaten der Vereinten Nationen beschlossen. Diese sog. Kinderkonvention wurde in der Bundesrepublik Deutschland im Jahre 1992 ratifiziert.[11] Auch wenn dieses Übereinkommen einem Kind den Anspruch garantiert, eine Staatsangehörigkeit zu erwerben[12] und die völkerrechtliche Motivation dahingehend für dieses Handeln bezeichnet, da die

---

9 BGBl. I, S. 1101 vom 29. Juni 1977

10 Art. 2 des Gesetzes zur Verminderung der Staatenlosigkeit

11 BGBl. II 1989, S. 122

12 Art. 7 Abs. 1 des Übereinkommens über die Rechte des Kindes

Staatsangehörigkeit als ein Teil der Identität eines Kindes zu betrachten ist13, wird wiederum, so wie schon beim Internationalen Pakt über bürgerliche und politische Rechte, versäumt, den eigentlichen Erwerbsvorgang der Staatsangehörigkeit konkret zu definieren.

2.2.5 Das Europäische Übereinkommen über die Staatsangehörigkeit

Mit dem Europäischen Übereinkommen über die Staatsangehörigkeit regelten die Mitgliedsstatten des Europäischen Rates, dass jeder Staat nach seinem eigenen Recht bestimmen kann, wer seine Staatsangehörigen sind. 14 Ferner wurde in diesem Übereinkommen jedoch konkretisiert, dass jeder das Recht auf eine Staatsangehörigkeit hat und eine Staatenlosigkeit zu vermeiden ist. Positiv hervorzuheben ist sicherlich auch, dass niemandem die Staatsangehörigkeit willkürlich entzogen werden darf und darüber hinaus die Entziehung der Staatsangehörigkeit auch weder durch die Schließung noch die Auflösung einer Ehe erfolgen darf.15

Das Europäische Übereinkommen über die Staatsangehörigkeit wurde am 06. November 1997 ratifiziert. Die Berücksichtigung im deutschen Recht erfolgte erst im Jahr 2004.16

2.3 Rechtlicher Status von Staatenlosen

Anhand der aufgezeigten Übereinkommen und rechtlichen Regelungen wird ersichtlich, dass die Frage einer möglichen Rechtsstellung bzw. Rechtslosigkeit eines Staatenlosen sich daran orientiert, ob er sich rechtmäßig oder unrechtmäßig in einen Staat aufhält. Die vorgestellten Übereinkommen und Regelungen finden jeweils keine Anwendung auf Staatenlose, die sich nicht legal in einem Staat aufhalten bzw. nicht auf Staatenlose, die sich in einem Staat aufhalten, der die vorgestellten Übereinkommen und Regelungen nicht ratifiziert hat.

---

13 Art. 8 Abs. 1 des Übereinkommens über die Rechtsstellung der Staatenlosen

14 Art. 3 des Europäischen Übereinkommens über die Staatsangehörigkeit

15 Art. 4 des Europäischen Übereinkommens über die Staatsangehörigkeit

16 BGBl. 2004 II, S. 578

Diesem Personenkreis ist es unter Bezug auf das Übereinkommen über die Rechtsstellung der Staatenlosen gerade nicht möglich, Eigentum zu erwerben und private Verträge abzuschließen. Bereits die Situation, dass die Staatenlosen, die sich illegal in einem Land aufhalten, weder eine Meldeadresse noch einen Personalausweis bzw. eine Identifikationskarte haben, ermöglicht es ihnen noch nicht einmal, ein Bankkonto zu eröffnen oder einen Mobilfunkvertrag abzuschließen. Auch ist dieser Personenkreis von der Möglichkeit jeglicher legaler beruflicher Tätigkeit ausgeschlossen. Der Zugang zum öffentlich regulierten Wohnungswesen ist ihnen ebenso verwehrt, wie die Möglichkeit, am öffentlichen Bildungswesen sowie der öffentlichen Fürsorge zu partizipieren. Hieraus kann nur resümiert werden, dass zumindest die Staatenlosen, die sich unrechtmäßig in einem Land aufhalten, für sich wohl keine bzw. kaum Rechte beanspruchen können.

2.3.1 Europäische Menschenrechtskonvention

Nach der ständigen Rechtsprechung des Europäischen Gerichtshofes für Menschenrechte ist es das Ziel der Europäischen Menschenrechtskonvention, nicht theoretische und illusorische Rechte zu gewähren, sondern praktische und effektive Umsetzung von Menschenrechten zu gewährleisten.[17] Der Artikel 1 der Euro-päischen Menschenrechtskonvention gibt vor, dass alle Vertragsstaaten der Konvention die Rechte und Freiheiten aus der Europäischen Menschenrechtskonvention dem Personenkreis zubilligt, die ihr in ihrer Hoheitsgewalt unterstehen. Für sich illegal in einem Land aufhaltende Staatenlose wird wohl eher nur theoretisch angenommen werden dürfen, dass sie auch der Hoheitsgewalt des Landes unterstellt sind und unterliegen, in dem sie sich aufhalten. In der Praxis wird wohl eher davon auszugehen sein, dass sich nicht rechtmäßig in einem Land aufhaltende Staatenlose sich entweder der staatlichen Kontrolle aus Angst von Repressalien entziehen und untertauschen oder staatlicherseits ignoriert werden, weil sich mit der problembehafteten Fragestellung, wie mit diesen Staatenlosen umgegangen werden soll, nicht befasst werden muss.

---

17 vgl. Entscheidung des Europäischen Gerichtshofes für Menschenrechte
vom 13. Mai 1980, E - Nr. 43, S. 480ff (485) in dem Fall Artico gegen Italien

2.3.2 Fallbeispiel an der Bundesrepublik Deutschland

Konkret am Beispiel der Bundesrepublik Deutschland soll geklärt werden, ob sich nicht rechtmäßig aufhaltende Staatenlose als rechtelos anzusehen sind.

Die Rechte der Menschen in der Bundesrepublik Deutschland sind verfassungsgemäß im Grundgesetz verbürgt. Die Artikel 1 bis 19 des Grundgesetzes regeln die Grundrechte der Menschen in der Bundesrepublik Deutschland. Die Grundrechte sind zu unterteilen in allgemeine Grundrechte und die Grundrechte, die nur deutschen Staatsangehörigen zustehen. Insoweit erhalten auch Staatenlose in der Bundesrepublik Deutschland, die sich hier illegal aufhalten, das Recht, dass ihre Würde unantastbar ist. Dies wird ihnen durch Artikel 1 des Grundgesetzes zugesprochen. Eine freie Entfaltung der Persönlichkeit besteht, soweit sie nicht die Rechte anderer verletzt und gegen die verfassungsmäßige Ordnung oder das Sittengesetz verstößt. Ferner wurde auch diesen Staatenlosen durch Artikel 2 des Grundgesetzes das Recht auf Leben und körperliche Unversehrtheit zugesprochen. Die sich illegal in der Bundesrepublik aufhaltenden Staatenlosen sind vor dem Gesetz gleich; dieses bedeutet auch, dass sich diesem Personenkreis die Möglichkeit eröffnet, Ansprüche auf dem gerichtlichen Wege einzuklagen oder abzuwehren. Ferner sind nach Artikel 3 des Grundgesetzes Männer und Frauen gleichberechtigt und dürfen darüber hinaus wegen ihres Geschlechtes, ihrer Abstammung, ihrer Rasse, ihrer Sprache, Heimat und Herkunft sowie Glauben oder politischen Anschauung nicht benachteiligt werden. Die Glaubensfreiheit und Religionsausübung ist diesem Personenkreis durch Artikel 4 des Grundgesetzes ebenso zugestanden sowie das Recht der freien Meinungsäußerung, welches in Artikel 5 des Grundgesetzes festgehalten ist.

Auch die Unversehrtheit der Familie wird ihnen durch Artikel 6 des Grundgesetzes zugesichert, ebenso wie das Brief-, Post- und Fernmeldegeheimnis, durch Artikel 10 des Grundgesetzes.18 Auch wenn Artikel 13 des Grundgesetzes - die Unverletzlichkeit der Wohnung - theoretisch ein Grundrecht für Staatenlose formu-liert, die sich illegal in der Bundesrepublik Deutschland aufhalten, so dürfte die praktische Umsetzung wohl eher nicht

---

18 Grundgesetz der Bundesrepublik Deutschland Art. 1-6 + 10, 13

gegeben sein, da es diesen Staatenlosen erst gar nicht möglich ist, einen Vertrag zum Erhalt einer Wohnung abzuschließen. Sofern sich in der Bundesrepublik illegal aufhaltende Staatenlose als politisch Verfolgte darstellen, genießen sie das Asylrecht gemäß Artikel 16a des Grund-gesetzes. Da diesen Staatenlosen – wie bereits aufgezeigt wurde – der Rechtsweg offen steht, kann auch insbesondere das Asylrecht auf dem gerichtlichen Wege eine rechtliche Durchsetzung erfahren.

Festzustellen ist damit am Beispiel der Bundesrepublik Deutschland, dass auch Staatenlose, die sich nicht rechtmäßig in der Bundesrepublik Deutschland aufhalten, grundsätzlich nicht rechtelos sind.

2.4 Fazit

Werden die vorgestellten rechtlichen Regelungen in Bezug auf die Staatenlosen miteinander verglichen, ist festzustellen, dass bereits innerhalb der Gruppe der Staatenlosen eine nachhaltige Differenzierung zwischen den Staatenlosen zu erfolgen hat, wenn es um die Fragestellung geht, ob Staatenlose als rechtlos anzusehen sind. Die sich legal in einem Staat aufhaltenden Staatenlosen erfahren durch die Übereinkommen und rechtlichen Regelungen weitergehende Rechte, als die Staatenlosen, die sich nicht rechtmäßig in einem Staat aufhalten.

Sämtliche Staatenlose haben in jedem Fall eine rechtliche Benachteiligung gegenüber der Gruppe, die über eine Staatsangehörigkeit verfügen. Staatsangehörige eines Staates sind gegenüber Staatenlosen stets mit weitreichenderen Rechten ausgestattet. Ersichtlich wird dieses, wenn es um einen diplomatischen Schutz im Ausland geht. Diesen werden auch die Staatenlosen nicht erhalten, die sich legal in einem Land aufhalten. Ferner ist den Staatenlosen auch das aktive und das passive Wahlrecht versagt.

In dem Abschnitt 2.3.2 war am Beispiel der Bundesrepublik Deutschland aufgezeigt worden, dass es Grundrechte gibt, die nicht allen Menschen zustehen, sondern nur den Deutschen Staatsangehörigen. Die Demonstrationsfreiheit gem. Artikel 8 des Grundgesetztes steht ebenso wie das Recht Vereine und Gesellschaften zu bilden nach Artikel 9 des Grundgesetzes nur den Deutschen Staatsbürgern und nicht Dritten und damit auch nicht den Staatenlosen zu. Da jedoch gerade die Demonstrationsfreiheit und auch das Bilden von Gemeinschaften eine sehr große Möglichkeit für die Interessenwahrnehmung von Staatenlosen darstellen würde, auf ihre Probleme hinzuweisen, stellt dieses eine nachhaltige rechtliche Beeinträchtigung dar.

Wesentlich ist, dass Staatenlose seit dem Übereinkommen über die Rechtsstellung der Staatenlosen vom 28. September 1954 zumindest in den Ländern nicht mehr rechtslos sind, die dieses Übereinkommen ratifiziert haben. Die nach 1954 geschaffenen Regelungen haben dafür gesorgt, dass die Staatenlosen mehr Rechte erhalten haben. Ein spürbarer unterschiedlicher rechtlicher Status zwischen Staatenlosen und Menschen mit einer Staatsangehörigkeit verbleibt nach wie vor.

3. Anpassung von Konzepten mit Staatenlosen als europäische Reaktion auf geopolitische Herausforderungen

3.1 Definition Geopolitik

Zunächst gilt es eine Bestimmung dafür zu finden, was unter dem Begriff Geopolitik zu verstehen ist.

Die Geopolitik ist

"ein wissenschaftliches Feld an der Schnittstelle zwischen Geografie, Politikwissenschaften, Geschichte und Soziologie. In ihr werden die Beziehungen zwischen Raum und politischen Gegebenheiten untersucht. Sie ist auch die Lehre von der Raumgebundenheit der politischen Vorgänge sowie über den Staat als geografischen Organismus und weiter die Analyse des Einflusses der geografischen Bedingungen eines Staates auf seine nationale und internationale Politik."

Damit ist eine "geopolitische Herausforderung "als ein herausragendes Ereignis zu verstehen, das Einfluss des geografischen Raumes auf die Politik eines Staates bzw. eines Kontinents nimmt. 19

3.2 Aktuelle geopolitische Herausforderungen

In Bezug auf Europa sind insbesondere die Flüchtlingsströme aus Kriegsgebieten im mittleren Osten sowie Krisengebieten in Afrika als geopolitische Herausforderung anzusehen, ebenso wie die sogenannten Wirtschaftsflüchtlinge aus Osteuropa Richtung Westeuropa.

Bei der Betrachtung der Flüchtlingsströme ist jedoch festzustellen, dass diese nicht gleichzusetzen sind mit Staatenlosen. Vielmehr sind die Staatenlosen als eine kleine Gruppe im Bereich der Flüchtlinge auszumachen.

Flüchtlinge - gerade aus Krisengebieten - genießen den Vorteil, dass ihnen die Möglichkeit eingeräumt wird, relativ erfolgreich ein Asylverfahren in einem der europäischen Staaten zu durchlaufen. Unter Bezug auf bundesdeutsches Recht ist jedoch festzustellen, dass im Asylverfahren Staatenlose nur geringe Chancen auf Anerkennung haben. Durch die Genfer Flüchtlingskonvention werden zwar Staatenlose ausdrücklich als mögliche Flüchtlinge benannt;20 hiervon wird auch nach deutschem Rechtsverständnis ausgegangen.21 Hierbei wird jedoch nicht auf eine drohende Verfolgung im Land, dessen Staatsangehörigkeit der Asylsuchende besitzt, abgestellt, weil diese gerade fehlt. Wesentlich ist vielmehr das Land, in dem der Staatenlose seinen gewöhnlichen Aufenthalt hat.

Da jedoch viele Staaten den Staatenlosen, die üblicherweise illegal ausreisen und einen Asylantrag stellen, die Rückkehr verweigern, geht die deutsche Rechtsprechung davon aus, dass in diesen Fällen der Herkunftsstaat aufgehört hat, Staat des gewöhnlichen Aufenthaltes des Staatenlosen zu sein. Gerade dieses wird sodann auch durch die Entscheidung des Oberverwaltungsgerichtes Sachsen-Anhalt in einer Entscheidung vom 27. Juni 2001 skizziert, wonach der Asylantrag

---

19 Baumann S.4

20 vgl. Art. 1 A Nr. 2 der Genfer Flüchtlingskonvention

21 vgl. § 3 AsylVfg

auch hinsichtlich des Abschiebungshindernisses gegenstandslos wird, da es ausgeschlossen ist, dass der Staatenlose in das Herkunftsland zurückkehrt. Die Folge ist, dass damit die Asylanträge von Staatenlosen zumeist abgelehnt werden.22

Konkret gibt es jedoch eine Ausnahme. Sofern die Rückkehrverweigerung durch den Herkunftsstaat des Staatenlosen an ein Asyl erhebliches Merkmal, wie z.B. einer ethnischen Zugehörigkeit anknüpft, stellt dieses eine politische Verfolgung dar. Nach bundesdeutschem Verständnis wird der Staatenlose deshalb als Asylberechtigter oder Flüchtling anerkannt.23

3.3 Anpassung von Konzepten im Umgang mit Staatenlosen

Sofern die Frage aufgeworfen wird, ob es eine Anpassung von Konzepten mit Staatenlosen als eine europäische Reaktion auf geopolitische Herausforderungen gibt, ist zunächst abzuklären, ob es überhaupt hierzu Konzepte gibt.

In dem vorangegangenen Kapitel, in dem die Frage "staatenlos = rechtelos" erörtert wurde, sind eine Vielzahl von völkerrechtlichen sowie europarechtlichen und auch nationalrechtlichen Übereinkommen vorgestellt worden. Problematisch ist im vorliegenden Fall jedoch, dass insbesondere die völkerrechtlichen sowie auch europarechtlichen Übereinkommen nicht von sämtlichen europäischen Staaten ratifiziert wurden und damit innerhalb Europas auch keine rechtliche Grundlage dafür besteht, eine einheitliche Reaktion auf die Flüchtlingsströme und insbeson-dere das Reagieren auf Staatenlose damit nicht möglich ist.

Insbesondere ist hier zu differenzieren, dass es innerhalb der europäischen Staaten zum einen die Europäische Union gibt und auch Staaten, die nicht der Europäischen Union angehören. Die Staaten innerhalb der Europäischen Union könnten insoweit ziemlich einheitliche Konzepte schaffen, da gerade in Bezug auf den sog. „odre public", die Grundlage der Wertefeststellung, klar vorgegeben ist, welche Maßnahmen aufgrund der öffentlichen Sicherheit und Ordnung sowie

---

22 Hoffmann, S. 6

23 Hoffmann, S. 6

Gesundheit haltbar sind und insoweit als Konzept auch innerhalb der Mitgliedsstaaten der Europäischen Union durchgesetzt werden können. Anders ist dieses bei den europäischen Staaten, die nicht mehr der Rechtsprechung des Europäischen Gerichtshofes unterliegen und damit schon in einheitliche politische Konzepte nicht mehr eingebunden werden können. Beispielhaft sei hier auf die europäischen Staaten Serbien und Mazedonien verwiesen, die sich in Bezug auf die europäische Flüchtlingssituation nicht in Maßnahmen der Europäischen Union einbinden ließen und eine entsprechende Abschottung ihrer Länder zu europäischen Nachbarstaaten veranlassten.

Mit Ausnahme der europäischen Menschenrechtskonvention von 1954 gibt es damit keine einheitliche rechtliche Regelung, wie beispielsweise mit geopolitischen Herausforderungen umgegangen werden soll. Es gibt kein einheitliches Konzept innerhalb Europas, sich der geopolitischen Herausforderung der Flüchtlingsströme und insbesondere der Gruppe der Flüchtlingsströme zu widmen, die darüber hinaus noch staatenlos sind, egal ob diese sich legal oder illegal im Staatsgebiet aufhalten.

Konkret bedarf es daher nicht einer Anpassung, sondern vielmehr einer einheitlichen Regelung eines Konzepts der europäischen Staaten. Auch wenn es derzeit keine großen Flüchtlingsströme gibt, muss hiermit jedoch zukünftig wieder gerechnet werden. Hungerkatastrophen und Bürgerkriege in Afrika sowie Verfol-gung und Kriegswirren im Nahen Osten können sehr schnell wieder dazu führen, dass Europa sich einem stark anwachsendem Flüchtlingsstrom ausgesetzt sieht. Spätestens dann, wenn der Flüchtlingspakt zwischen der Europäischen Union und der Türkei aufgehoben würde, wäre mit einem vermehrten Flüchtlingsaufkommen zu rechnen, was sodann auch die Gruppe der Staatenlosen mitumfasst, die sich in Richtung Europa aus humanitären und wirtschaftlichen Gesichtspunkten wenden.

3.4 Fazit
Im Fazit soll dargelegt werden, wie ein einheitliches europäisches Konzept aussehen könnte.

Um überhaupt eine einheitliche europäische Reaktion bewirken zu können, müsste der Europarat gestärkt werden. Bei dem Europarat handelt es sich um den Zu-sammenschluss sämtlicher europäischer Staaten, mit Ausnahme von Weißrussland. Die Mitgliedstaaten des Europarates müssten sich auf ein einheitliches Handeln verständigen und Beschlüsse rechtsverbindlich umsetzen.

Grundvoraussetzung wäre insoweit zunächst, dass sämtliche Staaten des Europarates das UN-Übereinkommen über die Rechtsstellung der Staatenlosen vom 28. Sept. 1954 ratifizieren würden. Dieses wäre notwendig, um überhaupt eine einheitliche rechtliche Grundlage für jedes weitere gemeinsame Handeln zu ermöglichen und in Bezug auf die Definition der Probleme von gleichen Voraussetzungen und Notwendigkeiten ausgehen zu können.

Damit es sodann eine einheitliche Lenkung der Flüchtlingsströme und insbesondere auch einen einheitlichen Umgang mit Staatenlosen gibt, müssten die Mitglieds-staaten des Europarates für sich einen quotierten Verteilungsschlüssel erstellen; nach diesem festen und rechtsverbindlichen Verteilungsschlüssel werden die Staatenlose auf die einzelnen Mitgliedstaaten des Europarates verteilt. Hiermit wird eine paritätische Aufteilung ermöglicht und sichergestellt, ohne hierdurch eine Benachteiligung einzelner Mitgliedstaaten zu provozieren. Durch die systematische Registrierung der Staatenlosen im Rahmen des Umverteilungsschlüssels wäre auch sichergestellt, dass es keine Differenzierung mehr zwischen legalen und sich illegal in einem Staat aufhaltenden Staatenlosen mehr gibt. Dieses würde dann auch sicherstellen, dass das UN-Übereinkommen über die Rechtsstellung der Staatenlosen vom 28. September 1954 ausnahmslos für sämtliche Staatenlose innerhalb Europas gelten würde.

Ein weiteres Konzept müsste sich damit befassen, dass die europäischen Staaten sich intensiver für Friedensverhandlungen in Krisen- und Kriegsgebieten einsetzten, um somit der Bevölkerung in den Krisen- und Kriegsgebieten den Druck zu nehmen, fliehen zu müssen.

Ferner sollte Europa sich auch vergegenwärtigen, dass derzeit die Staaten für Militär zehn Mal mehr ausgeben, als für Entwicklungshilfe.24 Würde ein deutlich höherer Betrag in die Entwicklungshilfe investiert werden, könnten damit insbesondere in den Krisengebieten und ehemaligen Kriegsgebieten Infrastrukturen für eine bessere Bildung, ein höherwertiges Gesundheitswesen und eine Stärkung der wirtschaftlichen Verhältnisse vor Ort geschaffen werden. Dieses ist wiederum die Grundvoraussetzung für einen Staat mit stabilen politischen und wirtschaftlichen Strukturen. Die Notwendigkeit fliehen zu müssen, sinkt damit drastisch. Die-ses würde auch zu einer erheblichen Minimierung führen, dass Flüchtligsströme – auch mit Staatenlosen – wieder entstehen und Richtung Europa wandern.

---

24 Gamillscheg

Literaturverzeichnis

Baumann, Wolfgang

Geopolitik – ein zeitgemäßer Beitrag zum gesamtstaatlichen Führungsverfahren?

Wien

2004

Bundesgesetzblatt 1973 I S.1101 f

https://www.bgbl.de/xaver/bgbl/start.xav?start=//*%5B@attr_id=%27bgbl177
s1101.pdf%27%5D#__bgbl__%2F%2F*%5B%40attr_id%3D%27bgbl177s11
01.pdf%27%5D__1488562219729

zuletzt besucht am 03.03.2017

Bundesgesetzblatt 1976 II, S. 473

https://www.bgbl.de/xaver/bgbl/start.xav#__bgbl__%2F%2F*%5B%40attr_id
%3D%27bgbl276s0473.pdf%27%5D__1488559616740

zuletzt besucht am 03.03.2017

Bundesgesetzblatt II 1989, S.122

https://www.bmfsfj.de/blob/93140/8c9831a3ff3ebf49a0d0fb42a8efd001/ueber
einkommen-ueber-die-rechte-des-kindes-data.pdf

zuletzt besucht am 03.03.2017

Bundesgesetzblatt II 2004 S. 578

https://www.bgbl.de/xaver/bgbl/start.xav#__bgbl__%2F%2F*%5B%40attr_id
%3D%27bgbl204s0578.pdf%27%5D__1488699987404

zuletzt besucht am 03.03.2017

Entscheidung des Europäischen Gerichtshofes für Menschenrechte vom
13.05.1980, E, Nr.43, S.485

http://www.eugrz.info/pdf/EGMR43.pdf

zuletzt besucht am 03.03.2017

Gamillscheg, Hannes

Berliner Zeitung

12.4.2011

http://www.berliner-zeitung.de/fuer-militaer-geben-die-staaten-zehn-mal-
mehr-aus-als-fuer-entwicklungshilfe--vor-allem-china-ruestet-auf-ueber-eine-
billion-euro-fuer-ruestung-15033770

zuletzt besucht am 03.03.2017

Genfer Flüchtlingskonvention

http://www.unhcr.de/fileadmin/user_upload/dokumente/03_profil_begriffe/ge
nfer_fluechtlingskonvention/Genfer_Fluechtlingskonvention_und_New_York
er_Protokoll.pdf

zuletzt besucht am 03.03.2017

Gesetz zur Verminderung der Staatenlosigkeit

https://www.gesetze-im-internet.de/staatenlmind_bkag/BJNR011010977.html

zuletzt besucht am 03.03.2017

Grundgesetz der Bundesrepublik Deutschland

Artikel 1 - 6, 8 - 10

Gueterres, Antonio

Vorwort zum Übereinkommen über die Rechtsstellung von Staatenlosen

Berlin

2015

Amt des Vertreters der Bundesrepublik Deutschland

http://www.unhcr.de/fileadmin/user_upload/dokumente/06_service/Bildungsm
aterialien/Staaten-Abkommen_2015_RZ_final_ansicht.pdf

zuletzt besucht am 03.03.2017

Prof. Dr. Dr. Hailbronner, Kay

Staatsangehörigkeitsrecht: StAngR

München

2010

5.Auflage

Hailbronner/Renner/Maaßen/Wiedemann

C.H. Beck

Prof. Dr. Hoffmann, Holger

Welche rechte haben Staatenlose?

Bielefeld

Oktober 2004

Asylmagazin 10/2004

Prof. Dr. Kimminich, Otto

Einführung in das Völkerrecht

Tübingen/Basel

1993

5. Auflage

Francke Verlag

Pakt über bürgerliche und politische Rechte
Bundesgesetzblattesetzblatt II 1973, S. 1533 ff
https://www.zivilpakt.de/internationaler-pakt-ueber-buergerliche-und-politische-rechte-355/
zuletzt besucht am 03.03.2017

Übereinkommen über die Rechte des Kindes
https://www.unicef.de/blob/9364/a1bbed70474053cc61d1c64d4f82d604/d0006-kinderkonvention-pdf-data.pdf

Übereinkommen über die Rechtsstellung der Staatenlosen
http://www.bmi.bund.de/SharedDocs/Standardartikel/CIEC-Dokumente/uebereinkommenIII/ue04.html
zuletzt besucht am 03.03.2017

Übereinkommen über die Staatsangehörigkeit
https://rm.coe.int/CoERMPublicCommonSearchServices/DisplayDCTMContent?documentId=090000168007f2e6
zuletzt besucht am 03.03.2017

Zuerkennung der Flüchtlingseigenschaften
Asylgesetz § 3
https://dejure.org/gesetze/AsylG/3.html

Abkürzungsverzeichnis

Art.	Artikel
AsylVfG	Asylverfahrensgesetz
BGBl.	Bundesgesetzblatt
bzw.	beziehungsweise
f	folgende
ff	fort folgende
gem.	gemäß
ggf.	gegebenenfalls
Nr.	Nummer
RN	Randnummer
S.	Seite
sog.	sogenannten
StAngR	Staatsangehörigkeitsrecht
u.	und
vgl.	vergleiche
z.B.	zum Beispiel